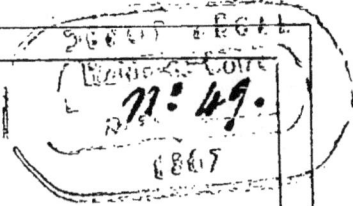

LA

STATUE DE VOLTAIRE

PAR

Maurice LEPRÉVOST

—

DEUXIÈME ÉDITION

PRIX : 5 CENTIMES

PARIS

LIBRAIRIE DE CH. BLÉRIOT, ÉDITEUR

55 , quai des Augustins

—

1867

Ouvrages recommandés :

LES MISÉRABLES D'AUTREFOIS, par Maurice Leprévost, in 12. 2ᵉ édition. — Prix : franco. — 2 fr.

ANNUAIRE DES ŒUVRES DE JEUNESSE ET DE PATRONAGE, pour 1863, première année, in 12. — 3 fr.

ANNUAIRE DES ŒUVRES DE JEUNESSE ET DE PATRONAGE, pour 1864-1865-1866, deuxième année. in 12. — 3 fr.

HISTOIRE COMPLÈTE DE LA POLOGNE, par Chevé, 2 vol. in 12. — Prix : 4 fr.

LES BONS APOTRES, par Jean Loyseau, in 12. — 2 fr.

ROSE JOURDAIN, par Jean Loyseau, 2 vol. — 4 fr.

BAS LES MASQUES, par Jean Loyseau, in 12. — 2 fr.

Angers, imprimerie de Lainé frères, rue Saint-Laud, 9.

LA STATUE DE VOLTAIRE.

I.

Le 25 janvier mil huit cent soixante-sept est une des dates les plus
mémorables qui resteront dans les annales du progrès.

En ce jour solennel, à l'instar de *Ferringhea*, M. Léonor Havin a
parlé.

Or, M. Léonor Havin ne parle pas tous les jours. Comme les rois d'O-
rient il a soin de ne pas se prodiguer au vulgaire. Il demeure habituel-
lement invisible et caché au fond de son *sacro sancto* de la rue du Croissant, demi-roi, demi-dieu. Dispensé du pénible boulet du journalisme
quotidien, il médite et se recueille, tandis que trottent sans merci ni
relâche, les plumes prodiguées et banales des Labédollière et des
Jourdan.

Aussi s'est-il fait un grand silence dans le monde, le vendredi 25 janvier 1867, lorsque, dès l'aurore de ce jour victorieux, la voix du grand
Havin s'est fait entendre, elle qui ne s'articule que dans les circonstances
les plus solennelles, intéressant le repos du monde ou l'envahissement
clérical.

Tout-à-coup ont apparu le gilet blanc, l'habit à queue et le cé-
lèbre faux-col de l'homme, dont les traits immortels ne seront transmis
fidèlement à la postérité que par le crayon du peintre de *Joseph Prud-
homme*, M. Henri Monnier.

Figurez-vous, comme décor de cette grande scène, l'intérieur du *Salon
de Mars* ou des *Vendanges de Bourgogne*, aux confins limitrophes de
Grenelle ou de Belleville.

Voyez, groupée autour de M. Havin, comme les disciple sentourant le
divin Platon, la rédaction du *Siècle*, que je me figure un peu bourgeon-
née, déjà grisonnante et très-ventrue.

L'orateur s'est avancé devant le trou du souffleur, et, au milieu du plus religieux silence, a prononcé le discours suivant :

.·.

. . . .

Mais ne vous effrayez pas, cher lecteur. Nous n'avons garde de déposer ci en son entier la prose de M. Havin. Nous nous bornerons à la citer ou à l'analyser consciencieusement; c'est assez et c'est presque trop....

Et de peur que l'on ne nous accuse d'un parti pris de dénigrement, nous emprunterons au petit journal *le Soleil*, feuille des moins suspectes de cléricanisme, le récit exact de l'événement.

.·.

« . . Une scène du plus haut comique s'est passée, hier matin, dans le cabinet directorial du *Siècle*. Représentez-vous le grand *Mapa*, les coudes sur la table et la tête dans ses mains. De temps en temps il feuillette un registre, sur lequel est écrit en grosses lettres : ABONNEMENTS!

» — Diable! diable! se dit-il, est-ce que nous dégringolons pour de vrai. Les abonnements ne viennent plus. Les renouvellements ratent sur toute la ligne. C'est grave! Avisons!

» Et il ne trouve rien de mieux que de grimper sur les épaules de Voltaire, pour de là déverser sur le public les torrents pâteux de son éloquence.

» Une statue à Voltaire! crie-t-il à pleins poumons. Et des abonnements au *Siècle!* grince la pratique, qu'il a oublié de retirer de sa bouche.

» Ah! Léonor, voulez-vous bien vite descendre de là-haut! »

.·.

Tel est, réserve faite de la forme, l'effet produit dans toute la presse, grande ou petite, de Paris ou de province, par les trois colonnes monumentales du manifeste de M. Havin.

Hormis *l'Avenir national*, qui seul, à Paris, a eu le courage de lever la main pour la proposition, ce qui justifie entièrement notre opinion particulière, récemment émise sur l'analogie des procédés de ce journal avec ceux de la corneille qui abat ses noix.

Mais n'anticipons pas sur les événements.

..

Il est donc trop vrai que le rédacteur politique du *Siècle*, sans aucun symptôme qui ait pu faire pressentir à ses amis ce nouveau coup de tête, a lancé son idée d'une statue de Voltaire, érigée par une souscription démocratique, de cinquante centimes.

A-t-il consulté préalablement la rédaction? C'est ce qu'on n'a jamais pu savoir.

Le fait est, que depuis quelque temps le *Siècle* n'a guère de chance; ses imaginations tournent à des fiascos étourdissants. Il semblait qu'après l'affaire récente de M. Louis Jourdan et de Mgr Dupanloup, il eût dû se montrer plus circonspect.

Au contraire; le voilà plus embourbé que jamais avec sa bruyante manifestation accueillie par un éclat de rire général.

Pourquoi aussi aller choisir un *vendredi*.

C'est ce *vendredi* sans doute qui lui a porté malheur.

..

Un guignon particulier a conduit toute l'affaire. Rarement le style du directeur politique a été aussi prud'hommien. Jamais ses qualités ordinaires de vulgarité, d'enflure et de contre bon-sens n'avaient produit un tel résidu. Ses trente premières lignes ne comptent rien moins que seize *qui* et *que* formant des cascades invraisemblables. De nombreux alinéas, selon la méthode GIRARDINE, découpent vainement, afin de la rendre plus légère, cette prose épaisse, comme un vrai biscuit de mer. Et comme notre jugement pourrait en pareil cas nous être suspect, nous avons été assez heureux de le voir confirmé par les meilleurs juges, en particulier par *le Figaro* dont la verve moqueuse et impartiale lui décoche en passant l'épithète D'ÉTINCELANT. Mais n'insistons point sur ce côté tout-à-fait secondaire de la question. La rédaction du *Siècle* a son plan et connaît son public. Nos observations tombent sans doute à faux, et lorsqu'elle écrit dans ce style, peut-être le fait-elle *exprès*. Il y a là des mystères qu'il serait impertinent pour ses abonnés de vouloir pénétrer plus avant.

..

Nous laisserons donc de côté la question grammaticale et littéraire, dont on doit faire bon marché nécessairement dans toute polémique avec ce journal. Nous allons tout simplement relever ses assertions les plus criantes. La tâche nous sera d'ailleurs facile, grâce au grand nombre de bons articles que la presse de toute taille et de toute couleur s'est empressée de lui renvoyer. Le *Siècle* se montre fort abasourdi de l'effet d'une tentative qu'il considérait comme un coup de maître. Il n'a guère balbutié jusqu'ici qu'une justification assez timide. A l'heure où paraîtront ces lignes, la chose sera peut-être enterrée tout-à-fait, et il ne sera plus question de la statue de Voltaire, comme de bien d'autres imaginations tambourinées de temps en temps pour réveiller l'attention, quand le démon du désabonnement se met à faire des siennes. LE SOLEIL, que nous avons cité plus haut, a jeté peut-être la vraie lumière sur l'incident. La statue de Voltaire est une réclame du genre de celles du magasin du *Bon-Diable*. L'annonce des œuvres de Voltaire, en huit volumes, à un prix *fabuleux*, semble empruntée aux affiches des confectionneurs. Question de prime plutôt que de propagande! On peut le soupçonner sans jugement téméraire. N'importe! Réclame ou non, nous profitons de l'occasion d'élucider la trouvaille du VOLTAIRE DÉMOCRATE, et nous voulons prendre au sérieux le mannequin travesti par M. Havin, en demi-dieu de la démocratie, à l'instar du sculpteur Houdon, jetant sur l'habit brodé et la culotte de soie du philosophe courtisan, la toge romaine, et sur sa perruque poudrée, la coiffure de Brutus. Déshabillons-le; et pour bien connaître le grand homme dont ce monsieur « procède », nous nous en rapporterons à lui-même. C'est lui qui nous dira « *ce qu'il fut, ce qu'il voulut, ce qu'il enseigna.* » Ce ne sera pas la statue gâchée dans le mortier de M. Havin ; ce sera le vrai Voltaire. Nous les comparerons tous deux. Cette étude nous édifiera sur la valeur du grand homme et de ses compères.

Nous allons donc prendre l'une après l'autre les affirmations magistrales de M. Havin, et nous y répondrons beaucoup moins que Voltaire lui-même.

C'est un simple dialogue entre les deux grands hommes dont nous serons seulement les modestes sténographes.

II.

« ON CHERCHERAIT VAINEMENT A TRAVERS LA CAPITALE L'EFFIGIE DU GÉNIE LE PLUS FRANÇAIS, ETC. »

« ... LA STATUE DE VOLTAIRE NOUS MANQUE... »

Nous avons promis de ne pas invoquer la grammaire, mais seulement la vérité des faits. Pourtant cet « à travers la capitale » a peine à passer. Et cette « effigie du génie » est une alliance de mots aussi neuve que contestable. Passons et relevons seulement l'inexactitude du fait constatée par LE PAYS, un journal qui ne passe pas pour être précisément ultramontain.

« Nous connaissons déjà, dans Paris, trois statues érigées à Voltaire : l'une à l'Hôtel-de-Ville, l'autre au Louvre, la troisième au Théâtre-Français. Il nous semble qu'avec ces trois statues, Paris est en règle avec la mémoire de Voltaire, surtout si l'on considère les sentiments que Voltaire avait pour la ville de Paris. Nous nous bornerons pour les faire apprécier du public, à citer l'extrait suivant d'une lettre de Voltaire à M. de Chabanon, du 12 avril 1776 :

« *Paris est une grande basse-cour composée de coqs d'Inde qui font la roue, et de perroquets qui répètent des paroles sans les comprendre. On leur envoie de Versailles leur pâture ; ils font du bruit et Versailles les laisse crier...»*

Si l'on supposait que Voltaire exceptait de ses insultes à la population de Paris, la presse et les hommes de lettres, on serait gravement dans l'erreur ; voici ce qu'il en disait le 30 janvier 1778 :

« *A Paris le beau monde veut des nouveautés, et la* CANAILLE IMMENSE DES ÉCRIVAINS SUBALTERNES *attend ces nouveautés pour rire, pour faire rire et pour* GAGNER UN ÉCU.»

Dans une lettre à M. de Vilette le 24 septembre 1777, Voltaire appelait les écrivains de Paris : « LA CANAILLE DE LA LITTÉRATURE *plus insolente et plus dangereuse que la canaille des Halles.* »

« *Les Parisiens passent leur temps à élever des statues et à les briser. Ils se divertissent à siffler et à battre des mains : et* AVEC BIEN MOINS D'ESPRIT QUE LES ATHÉNIENS ILS EN ONT TOUS LES DÉFAUTS *et sont encore plus excessifs.* » (A madame de Fontaine, 26 janvier 1758.)

Voilà pour les Parisiens !

III.

« LE GÉNIE LE PLUS FRANÇAIS. »

Il faut s'entendre. Si génie français signifie : applaudissement aux gloires prussiennes ou russes, à merveille ! autrement le génie de Voltaire serait précisément le plus *anti-français* qui ait jamais paru.

Voici ce qu'il écrivait à d'Alembert le 7 août 1766 :

« *Je mourrai bientôt et ce sera en* DÉTESTANT *le pays des singes et des tigres où la folie de ma mère me fit naître il y a bientôt soixante et treize ans.* »

« *Allez, mes Welches (les Français). Dieu vous bénisse !* VOUS ÊTES LES RÉSIDUS, LES EXCRÉMENTS DU GENRE HUMAIN » (*Discours aux Welches.*

A l'impératrice de Russie Catherine II.

« *Daignez observer*, *madame*, *que je ne suis point Welche*; *je suis Suisse et si j'étais plus jeune*, JE ME FERAIS RUSSE. »

A Frédéric II roi de Prusse (mai 1775.)

L'uniforme prussien ne doit servir qu'à FAIRE METTRE A GENOUX LES WELCHES.

De deux choses l'une :

Ou le journal LE SIÈCLE entre complétement dans ces sentiments et les professe comme le véritable génie français ;

Ou il ignorait la haine de Voltaire pour notre pays.

Et dès lors il doit avouer son erreur, désavouer son manifeste et retirer sa souscription.

Mais s'il persévère dans son entreprise, ou il est plus Prussien que Français, ou il se moque du public.

Il n'y a pas de milieu !

Ah ! mais si ! il pourrait bien être l'un et faire l'autre.

IV.

« LE GÉNIE LE PLUS HUMAIN. »

On n'est pas sans savoir aujourd'hui que l'invention toute philanthropique du fusil à aiguille, n'est pas due seulement à M. Dreyse, ni à M. Chassepot, ni aux autres, car on en imagine tous les jours, mais à Voltaire lui-même, qui, cette fois, voulait en doter la France, par rancune contre le roi de Prusse. Avec son fusil, six cents hommes et six cents chevaux, on eût pu détruire, en plaine, une armée de dix mille hommes. Sur son dessin, d'Argenson en fit exécuter le modèle.

« *Essayez*, écrivait Voltaire au duc de Richelieu (18 juin 1757), *essayez*, *pour voir*, *seulement deux de ces machines contre un bataillon ou un escadron*, *j'engage ma vie qu'ils ne tiendront pas* »

En ce temps-là on n'avait pas de la gloire militaire les idées d'à présent. Le maréchal de France repoussa la proposition du philosophe, et n'adopta pas la machine meurtrière.

De bonne foi, l'invention du fusil à aiguille, Messieurs du *Siècle*, est-elle une œuvre de charité tout-à-fait supérieure ; et devons-nous mettre Voltaire, qui en eut la première pensée, au rang de saint Vincent de Paul ou de feu M. de Monthyon?

Et que dire de ce qu'il écrivait à d'Alembert, le 5 avril 1771?

« *Je vous recommande beaucoup de mépris pour le genre humain.* »

Est-ce ainsi que vous entendez le génie français, le génie humain, le génie universel, le plus français, le plus humain ou le plus universel?

Les cléricaux, gens fort bornés, têtus et rétrogrades, je vous l'avoue, ne l'entendent pas du tout ainsi.

Mais peu vous importe, du reste, car vous n'avez pas compté sur leurs cinquante centimes.

Ils ne peuvent pas vous en vouloir !

V.

« EST-IL BESOIN DE RAPPELER CE QUE FUT VOLTAIRE... RÉSUMONS SA VIE AUSSI BRIÈVEMENT QUE POSSIBLE. »

En effet, vous avez eu l'art de mettre en ce récit beaucoup de brièveté et de prolixité tout ensemble; vous assaisonnez d'une sauce un peu fade et un peu longue l'éternelle histoire de Calas et de Serven, de Serven et de Calas et même du jeune de Labarre que vous avez légèrement dénaturée. Cet « adolescent », comme vous dites, ne s'était pas borné *à refuser de saluer la croix de la procession,* mais si je ne me trompe, il avait mutilé, pendant la nuit, un crucifix érigé sur une des places principales de la ville, et outragé par conséquent la foi de tou'e une population. Mais ces sortes d'attentats à la liberté de conscience, vous touchent fort peu ; et vous ne voyez guère de différence entre le refus d'un coup de chapeau et un sacrilége.

Ce n'est pas là toute l'histoire de Voltaire. Nous allons compléter sa biographie par quelques petits traits fort authentiques, puisque la plupart du temps c'est lui-même qui s'en vante.

VI.

« CE QU'IL FUT. »

A trente-deux ans, Voltaire avait été renvoyé de la Hollande, chassé de chez son père, mis à la Bastille, exilé de Paris, maltraité par des valets, pour avoir insulté leur maître, remis une seconde fois à la Bastille et exilé de France.

.·.

Il avait traité avec Ledet et Desbordes, libraires à Amsterdam, pour l'impression d'une édition de ses œuvres. Mais voulant en faire à Rouen une autre, à laquelle la première aurait nui, il sollicita M. Desforges pour qu'il interdît l'entrée en France de l'édition faite à Amsterdam. (Lettre à Cideville, 2 nov. 1731.)

Il écrivit de Bruxelles, le 17 mai 1741, à l'abbé Moussinot, chargé de ses affaires à Paris : « *Je vous ai envoyé ma signature dans laquelle j'ai oublié le nom d'Arouet, que j'oublie assez volontiers. Je vous renvoie d'autres parchemins où se trouvent ce nom, malgré le peu de cas que j'en fais.* »

Il écrivait à J.-B. Rousseau : « *Je vous supplie, monsieur, de compter toute votre vie sur moi comme sur le plus zélé de vos admirateurs.* » Mais dès que la franchise du poète lui déplut, il excita contre lui le duc d'Aremberg, qui lui retira la table et le logement. Il s'opposa de tous ses efforts à son rappel de l'exil et répétait souvent qu'il partirait de France le jour où J.-B. Rousseau y rentrerait. (Lettre de Mme Duchâtelet au comte d'Argental, 1765.)

En 1724, il était ami de l'abbé Desfontaines. Celui-ci se permit de critiquer le temple du Goût. *Qu'est devenu l'abbé Desfontaines?* écrivait-il à Berger, en février 1736. *Dans quelle loge a-t-on mis ce chien qui mordait ses maîtres?* »

Il y avait cinq ans qu'il avait quitté Postdam et à peine dix mois qu'il avait renoué correspondance avec Frédéric, lorsque ce prince lui envoya, en lui recommandant de n'en pas laisser prendre copie, une ode satyrique dans laquelle Louis XV, la marquise de Pompadour et la nation étaient insultés. Voltaire s'empressa de la faire passer au duc de Choiseul qui la mit sous les yeux de Mme de Pompadour et de Louis XV. Cette indiscrétion contribua nécessairement à la prolongation de la guerre.

L'ancien élève des Jésuites avait toujours témoigné beaucoup d'attachement pour le P. Porée, l'un de ses professeurs de rhétorique. Il avait orné son cabinet du portrait de ce savant; mais il le fit ôter en 1758, de colère de ce que le P. Berthier avait refusé, dans le journal de Trevoux, de le reconnaître pour l'Homère et le Sophocle de la France. Dès ce moment tout le corps des Jésuites lui devint un objet d'horreur. « *Il faudrait*, marquait-il à Thiriot, *faire travailler aux grands chemins ces animaux-là, jésuites, jansénistes, avec un collier de fer au col et qu'on donnât l'intendance de l'ouvrage à quelque brave et honnête déiste, bon serviteur de Dieu et du Roi.* » Il écrivait au comte d'Argental (26 janvier 1762.) *Les jésuites et les jansénistes continuent à se déchirer à belles dents : il faudrait tirer à balle sur eux tandis qu'ils se mordent.* »

Ayant tiré de la Mérope du marquis de Maffey non-seulement le sujet mais les plus belles scènes, il dédia celle-ci à l'auteur italien comme un hommage. En même temps il publia sous le nom de l'abbé Lalandelle une lettre que, pour éloigner tout soupçon, il prit soin de s'adresser, dans laquelle la tragédie de Maffey est critiquée avec l'injustice la plus révoltante.

Sa tragédie de Mahomet est suspendue à Paris comme attaquant la religion ; il l'envoie à Rome. Sa lettre priait Sa Sainteté de pardonner à l'auteur, de consacrer au chef de la *véritable religion* un écrit contre le fondateur *d'une religion fausse et barbare.* « *Ma destinée*, marquait-il au comte d'Argental (21 juin 1761), *est de bafouer Rome et de la faire servir à mes petites volontés.*

Craignant qu'on ne fît dans l'Orphelin de la Chine, quelques applications du personnage d'Idamé à Mme de Pompadour, il proposait de lui dédier cette tragédie. « *On préviendrait ainsi*, disait-il, *toutes les mauvaises impressions qu'on pourrait lui donner* (6 oct. 1754).

. .

Peu après sa réception à l'Académie, comme on discutait en sa présence un point de littérature, Danchet eut le malheur de n'être point de son avis. Voltaire qui voulait partout tenir le sceptre, le traita fort injurieusement ; sur quoi Fontenelle lui dit : « Monsieur Voltaire, vous justifiez bien la répugnance que nous avons toujours eue de vous admettre parmi nous. »

. .

Voltaire occupait à Postdam un des plus beaux appartements du palais. Il logeait auprès du Roi, avait une table particulière et des équipages à sa disposition. Il s'était fait assurer de plus deux bougies par jour et tant de livres de sucre, café, thé et chocolat. Des difficultés étaient survenues plusieurs fois au sujet des livraisons de ces derniers comestibles, Frédéric répondit aux dernières réclamations de Voltaire : « Allons, mon cher ami, vous pouvez vous passer de ces petites fourni-

tures ; elles vous occasionnent des soins peu dignes de vous. Eh bien !
n'en parlons plus , je donnerai ordre qu'on les supprime à l'avenir. »

A compter de cette époque, Voltaire fit vendre par paquets les douze
livres de bougies qu'on lui donnait par mois ; et pour s'éclairer chez lui
il avait soin , tous les soirs, de revenir plusieurs fois dans son appartement sous différents prétextes, et de s'armer chaque fois de l'une des
plus grandes bougies allumées dans les salles de l'appartement du roi :
bougie qu'il ne rapportait pas.

« ... *M. de Brezé est-il bien solide?* écrivait-il à l'abbé Moussinot, au
mois d'octobre 1737. *Cet article, mûrement examiné, prenez vingt mille
livres chez M. Michel et donnez-les à M. Brezé, en rente viagère au de-
nier dix...* »

« *M. Destaing me doit et cherche des chicanes pour ne point me payer
ou pour différer le paiement; il faut vite constituer procureur et plaider...
Ne laissons rien languir, s'il est possible, entre les mains des débiteurs.
Je vous recommande toujours les Sezeau, les Dauneuil, Villars, Destaing,
Arouet (son frère) et autres. Il est bon de les accoutumer à un paiement
exact et de ne pas leur laisser contracter de mauvaises habitudes.* » (2 janv.
1739.)

Cette lésinerie de Voltaire cesse de paraître incroyable, quand on lit,
dans une lettre que Mᵐᵉ Denis, sa nièce, lui a adressée en 1754, de Paris,
où elle s'occupait de solliciter son retour :

« L'avarice vous poignarde... l'amour de l'argent vous tourmente; ne
me forcez pas à vous haïr. Vous êtes le dernier des hommes par le cœur.
Je cacherai autant que je pourrai les vices de votre cœur. » (Lettre de
Voltaire au comte d'Argental, 28 fév. 1764.)

Il fit publiquement ses pâques en 1768. Il s'en était excusé auprès des
philosophes en disant : « *Je me trouve entre deux évêques qui sont du
quatorzième siècle; il faut hurler avec ces sacrés loups.* » L'évêque
d'Annecy lui avait représenté qu'une communion conforme aux vrais
principes de la morale chrétienne aurait exigé préalablement de sa part
des réparations éclatantes ; il ne négligea rien pour donner à celle-ci
(1769) tout l'éclat possible ; il fit signifier ses intentions au curé de

Ferney, en l'invitant à venir lui donner la communion, et il accompagna cette cérémonie de déclarations notariées.

.•.

Voltaire, en parlant de cette communion, écrivit à Saint-Lambert : « *Depuis un mois j'ai eu douze accès de fièvre. J'ai reçu bravement le Viatique en dépit de l'envie; j'ai déclaré expressément que je mourrais dans la religion du roi très-chrétien et de la France, ma patrie : cela est fier et honnête.* »

Et au comte d'Argental (23 mai 1769) : « *J'édifie tous les habitants de mes terres et tous les voisins en communiant. Je me fais lire publiquement l'histoire de l'Église et les sermons de Massi'lon...* »

Le 23 avril 1773, il écrivait à Mme Necker : « *Je n'ai point reçu cette fois-ci les Sacrements : on s'était trop moqué à Paris de cette petite facétie.* »

.•.

En 1770, il eut une autre imagination, au mois de février : il se fit recevoir capucin, l'écrivit à Laharpe et pendant plusieurs mois ajouta dans ses lettres à sa signature le titre de capucin. Il en avait le diplôme encadré et placé dans la pièce la plus fréquentée de son château.

Voici comment il se peignait lui-même : « *Je suis d'un caractère que rien ne peut faire plier, inébranlable dans mon amitié et dans mes sentiments, et ne craignant rien dans ce monde-ci, ni dans l'autre.* » (Lettre à Formey, 1752.)

.•.

Ce qui prouve assez clairement que le roi Voltaire (pardon!), le démocrate Voltaire, fut quelque chose comme un mauvais fils, un mauvais citoyen, un faux ami, un envieux, un flatteur, un ingrat, un calomniateur, un intolérant, un intéressé, un intrigant, un vindicatif, un ambitieux, un hypocrite, un avare, un méchant, un inhumain et un despote.....

Il est vrai qu'il a réhabilité Calas et Serven, Serven et Calas.....

VII.

« CE QU'IL VOULUT. »

C'est un grand plaisir d'avoir un parti et de diriger un peu les opinions des hommes.

Que les philosophes fassent une confrérie comme les Francs-Maçons, qu'ils s'assemblent, qu'ils se soutiennent, qu'ils soient fidèles à la confrérie, et alors je me fais brûler pour eux. Cette Académie récente vaudrait mieux que l'Académie d'Athènes et que toutes celles de Paris ; mais chacun ne songe qu'à soi et on oublie le premier des devoirs qui est d'anéantir L'INFAME. (20 avril 1761.)

. .

Je voudrais que vous écrasassiez l'INFAME. *C'est là le grand point, il faut la réduire à l'état où elle est en Angleterre.* (23 juin 1760.)

. .

On embrasse les philosophes et on les prie d'inspirer pour L'INFAME *toute l'horreur qu'on lui doit : que tous les frères soient unis.* (8 mai 1761.)

.

Est-il vrai qu'il y a des prêtres embastillés, c'est un bon temps pour écraser l'INFAME. (4 mars 1764.)

. .

J'ai lu avec horreur que vous dites de Bayle dans l'Encyclopédie : Heureux s'il avait respecté la religion et les mœurs ! Ah ! que vous m'avez contristé ! Il faut que le démon des furies vous ait possédé dans ce moment-là. (A d'Alembert, 2 octobre 1764.)

. .

Dès que j'ai un moment de relâche, je songe à porter le dernier coup à l'INFAME *: je crois que la meilleure manière de tomber sur* l'INFAME, *est de paraître n'avoir nulle envie de l'attaquer.* (1 juin 1764.)

. .

On dit que quelques philosophes ont ajouté plusieurs chapitres au portatif (Dict. philos.) et que la sacro-sainte baisse à vue d'œil dans toute l'Europe. Dieu bénisse ces bonnes gens. (19 décembre 1764.)

. .

Mon aversion pour cette INFAME *ne fait que croître et embellir.* (13 octobre 1760.)

Plus je vieillis, plus je suis hardi. (19 mars 1761.)

. .

Le temps viendra où nous mettrons les papes sur le théâtre, comme les Grecs y mettaient Atrée et Thyeste qu'ils voulaient rendre odieux. Un temps viendra où la Saint-Barthélemy sera un sujet de tragédie. (28 février 1764.)

. .

Hérault, lieutenant de police, lui dit un jour : « Quoi que vous écriviez vous ne viendrez point à bout de détruire la religion chrétienne. »
— *C'est ce que nous verrons*, répondit Voltaire.

VIII.

« CE QU'IL ENSEIGNA. »

« *Le plaisir est le but universel : qui l'attrape a fait son salut...* » (10 oct. 1736.)
Le mensonge est une très-grande vertu quand il fait du bien... Soyez donc plus vertueux que jamais : il faut mentir comme un diable, non pas timidement, non pas pour un temps, mais hardiment et toujours. Œuvres générales, tome 52, p. 324.)

. .

Tâchez de rendre service au genre humain sans vous faire le moindre tort. (A Helvetius, 1763.)

. .

Il y a une tragédie anglaise qui commence par ces mots : « Mets de l'argent dans ta poche et moque-toi du reste. » Cela n'est pas tragique mais cela est fort sensé. (Au P. Menoux, juillet 1760.)

IX.

« LE RIRE DE VOLTAIRE ! QUELLE ARME FUT JAMAIS PLUS PUISSANTE CONTRE LA SOTTISE, L'HYPOCRISIE ET LE MENSONGE ? »

Je ne sais si c'est précisément la sottise que Voltaire a eu plus particulièrement en vue dans ses luttes. Il nous semble qu'il s'est un peu moqué de tout, surtout de ses rivaux qui n'étaient pas tous des sots, à commencer par Jean-Jacques... mais à quoi donc M. Havin pense-t-il, en invoquant si solennellement son rire effroyable, comme l'arme vengeresse de la franchise et de la vérité. Qui de mémoire de bohême et de chenapan a plus menti que Voltaire, et qui a osé comme lui s'en glorifier à la face du public? Qui s'est joué des choses saintes aussi effrontément que lui? Un jour viendra et il est proche, grâce à la lumière que M. Havin a provoquée sur la vie et le caractère de Voltaire, où ce nom passera dans la langue comme celui de Tartufe, mais pour l'exagérer !

Voici deux ou trois petites pièces à l'appui, contre-signées par ce chevalier errant de la pudeur et de la vérité, selon ce bon M. Havin.

« *Par devant nous, etc., est comparu messire François-Marie de Voltaire, gentilhomme de la chambre du Roi, etc, lequel... doit à la vérité, à son honneur et à sa piété de déclarer que jamais il n'a cessé de respecter et de pratiquer la religion catholique professée dans le royaume; qu'il pardonne à ses calomniateurs ; que si jamais il lui était échappé quelque indiscrétion préjudiciable à la religion de l'Etat, il en demanderait pardon à Dieu et à l'Etat, et qu'il a vécu et veut mourir dans l'observance de toutes les lois du royaume et dans la religion catholique étroitement unie à ces lois.* »

Ne croirait-on pas assister à la scène finale des Fourberies de Scapin, où le drôle simule si plaisamment son agonie, pour obtenir le pardon de ceux qu'il a roués de coups de bâton ?

Le bon Evêque de Genève, plus simple que l'Argante de Molière, ne mit pas à son pardon la restriction du grand comique : « Je te pardonne à la condition que tu meures... » Voltaire comme Scapin ne mourut pas et continua de plus belle.

Et voilà M. Havin, comme l'Evêque de Genève et comme Argante, dupe de l'illustre fourbe et lui donnant d'emblée et dans les règles, en présence de son million de lecteurs, un certificat de bonnes vie et mœurs.

O famille des Argante, tu es donc éternelle !

X.

«... Mais ce qui caractérise encore plus le grand homme, ce qui le fait nôtre, c'est sa passion profonde, sa religion ardente pour la justice et l'humanité. »

. .

Admirons encore une fois la candeur naïve de M. Argante Havin.
Hâtons-nous de dissiper l'erreur plus que légère du directeur du Siè-

cle, très-fort en politique sans nul doute, mais un peu étranger à l'histoire. Cela se conçoit. On ne peut tout avoir.

Les passages suivants vont lui enlever encore une illusion.

Il y verra la façon d'agir et de penser de Voltaire sur la question polo-
naise, où il s'est montré le plus lâche flatteur et le plus plat courtisan
du despotisme, que l'histoire vengeresse offre à notre indignation.

.·.

« *On dit, Sire, que c'est vous qui avez imaginé le partage de la Pologne, et je le crois, parce qu'il y a là du génie.* » (13 nov. 1771.)

.·.

« *Vous faites un royaume florissant et puissant de ce qui n'était, sous
le roi votre grand-père, qu'un royaume de vanité. Vous avez connu et
saisi le vrai en tout; aussi êtes-vous unique en tout genre. Ce que vous
faites actuellement vaut bien votre poème sur les confédérés.* IL EST PLAI-
SANT DE DÉTRUIRE LES GENS ET DE LES CHANTER. » (31 juillet 1772.)

.·.

« *C'est dans le Nord que tous les arts fleurissent aujourd'hui! C'est là
qu'on fait les plus belles écuelles de porcelaine, qu'on partage des pro-
vinces d'un trait de plume, qu'on dissipe des confédérations et des sénats
en deux jours et qu'on se moque surtout, très-plaisamment, des confédérés
et de leur* NOTRE-DAME. »

.·.

« ...*Une autre peste est celle des confédérés de Pologne. Je me flatte que
Votre Majesté impériale les guérira de leur maladie contagieuse. Nos che-
valiers welches, qui ont été porter leur inquiétude et leur curiosité chez les
Sarmates,* DOIVENT MOURIR DE FAIM, *s'ils ne meurent pas de charbon...Voilà
une plaisante croisade qu'ils ont été faire! Cela ne servira pas à faire
valoir la prudence de ma chère nation.* » (A Catherine II, 1er janvier
1772.)

.·.

S'il existait du temps de Voltaire une cause qui intéressât la justice et
l'humanité, certes, c'était bien celle de la Pologne.

Ce qu'il fit avec tant de bruit pour Calas et Serven, il se garda bien de
l'entreprendre en faveur de la catholique Pologne, victime du schisme et
de l'hérésie.

Oh! si Calas et Serven eussent été catholiques et condamnés par des
tribunaux schismatiques ou protestants, peut-être Voltaire eût-il agi

comme pour la Pologne, applaudissant aux bourreaux et narguant les victimes.

Si Voltaire, à genoux devant Frédéric et Catherine II, rougis du sang de la Pologne, est le type de l'apôtre de la justice et de l'humanité, comment entend-on l'humanité et la justice à la rue du Croissant?

Hélas! trop souvent, quand il s'agit de l'Église, à la façon de Voltaire on applaudit à ses bourreaux, et l'on sacrifie à sa haine les intérêts les plus sacrés!

XI.

« LE MOMENT EST PROPICE. EST-IL BESOIN DE DIRE POURQUOI? CHACUN DE NOUS LE SENT. »

Oui, le moment est propice pour couronner l'œuvre d'excitation à la haine et à la violence contre l'Église.

Le moment est propice pour lui jeter un suprême outrage.

Qui pourrait la venger?

Mais, quelque chose avec lequel vous n'avez pas l'habitude de compter et que vous ne connaissez guère, quoique vous vous vantiez fort d'en être l'organe :

L'ESPRIT NATIONAL.

Il s'est senti blessé de votre appel.

Quoi! au moment où la France entière, les hommes de toutes classes, de toute opinion, ont tressailli au nom de Jeanne d'Arc, à la pensée de sauver quelques pierres où son pied s'est posé, où tous ont voulu concourir à cette œuvre de réparation nationale, où tous ont apporté leur offrande avec un magnifique élan.

Vous osez appeler l'acclamation populaire, sur celui qui a plus mérité nos colères que la jalousie des Anglis et que les flammes de leur bûcher. Il a été plus lâche que ceux qui ont brûlé une femme, celui qui a voulu déshonorer sa mémoire. Il a commis un plus grand sacrilège, un crime plus odieux et qui n'avait pas de nom avant lui, *le crime de lèse-nation.*

Et c'est au moment où Paris se souvient, que l'héroïne dont la gloire est la merveille unique de l'histoire, a été blessée dans ses murs, au moment où il a retrouvé les traces de son passage et renversé des rues entières afin de pouvoir les vénérer, c'est à cette heure de poétique enthousiasme que vous voulez faire sortir de ce vestibule du Théâtre-Français, où elle est justement cachée, la face hideuse de ce bourreau, à quelques pas de la voie magistrale qui portera le nom pur et sacré de notre glorieuse héroïne! Et vous vous croyez l'interprète de l'esprit national!

Ah ! ce n'est pas l'heure, je vous jure, de tenter cette double apothéose La conscience publique proteste et se révolte JEANNE D'ARC et VOLTAIRE ne peuvent voir se dresser leurs piédestaux à Paris le même jour. Ce serait une ironie révoltante. Ce serait un attentat à l'honneur national, à la pudeur publique.

Et qui sait si Voltaire laisserait commettre ce grand scandale. Malgré son orgueil, le remords l'arracherait soudainement à son trône de marbre, dont il se reconnaîtrait indigne !

Et il me semble l'entendre murmurer ces paroles effrayantes, extraites d'une de ses lettres, et qu'il faudrait pouvoir graver en lettres d'or, comme l'expiation de ce grand crime :

« JE SUIS SI HONTEUX... QUE MES MONTAGNES NE ME PARAISSENT PAS AVOIR ASSEZ DE CAVERNES POUR ME CACHER. »

Non ! pas de statue à Paris pour Voltaire ! Pas de statue sur la terre de France au blasphémateur de Jeanne d'Arc !

XII.

« LE SIÈCLE CROIT SE FAIRE L'ORGANE D'UN SENTIMENT QUI EST AU FOND DE TOUS LES CŒURS DÉMOCRATES, EN PROPOSANT UNE SOUSCRIPTION POPULAIRE POUR ÉLEVER DANS PARIS LA STATUE DE VOLTAIRE. »

C'est cette découverte singulière d'un Voltaire démocrate, qui a excité le plus l'étonnement.

Le journal le Pays en est pétrifié : il se demande si M. Havin a jamais lu Voltaire, et il n'est pas possible de convaincre quelqu'un d'ignorance ou de mauvaise foi, à l'aide d'une démonstration plus écrasante.

« On ne citerait pas un écrivain, un philosophe, dit M. Paul de Cassagnac, qui ait affecté toute sa vie autant de mépris pour le peuple qu'en avait Voltaire.

» L'idée d'apprendre à lire au peuple et de l'instruire de ses droits et de ses devoirs, mettait Voltaire hors de lui. On pourrait en dire long sur ce chapitre. Nous nous bornerons aujourd'hui aux citations qui nous tombent sous la main.

» Il écrivait à Damilaville le 19 mars 1766. « *Il est à propos que le peuple soit guidé et non pas qu'il soit instruit ; il n'est pas digne de l'être.* »

» Craignant sans doute que sa pensée n'eût pas été comprise, Voltaire revenait à la charge le 1er avril, et il disait à D milaville. « *Je crois que nous ne nous entendons pas sur l'article du peuple, que vous croyez digne d'être instruit. J'entends par peuple la populace qui n'a que ses bras pour vivre. Je doute que cet ordre de citoyens ait jamais le temps ni la capacité de s'instruire; ils mourraient de faim avant de devenir philosophes. IL ME PARAIT ESSENTIEL QU'IL Y AIT DES GUEUX IGNORANTS. Ce n'est pas le manœuvre qu'il faut instruire, c'est le bon bourgeois. Quand la populace se mêle de raisonner, tout est perdu.* »

» L'idéal de Voltaire, c'était de laisser le peuple dans l'ignorance, et de le séparer par là, de l'oligarchie bourgeoise à laquelle il voulait attribuer la direction de la société, et qu'il désignait sous le nom des *honnêtes gens.* « *C'est à mon gré,* disait-il au comte d'Argental le 27 avril 1765, *le plus grand service qu'on puisse rendre au genre humain, de séparer le* sot PEUPLE *des honnêtes gens pour jamais. On ne saurait souffrir l'absurde insolence de ceux qui vous disent* : « *Je veux que vous pensiez comme votre tailleur et votre blanchisseuse.* »

Dans une lettre à Linguet, le 15 mars 1767, il disait : « *Distinguons dans ce que vous appelez peuple, les professions qui exigent une éducation honnête, et celles qui ne demandent que le travail des bras et une fatigue de tous les jours. Cette dernière classe est la plus nombreuse. Celle-là, pour tout délassement et pour tout plaisir, n'a jamais qu'à la grand'messe et au cabaret.* »

On n'a jamais prétendu éclairer les cordonniers et les servantes; c'est le partage des apôtres. (A d'Alembert, 1768.)

Je vous assure que dans peu il n'y aura que la canaille sous les étendards de nos ennemis, et nous ne voulons de cette canaille ni pour partisans ni pour adversaires. (19 novembre 1765.)

A l'égard du peuple il sera toujours sot et barbare... Ce sont des bœufs auxquels il faut un joug, un aiguillon et du foin. (A Tabareau, 1765.)

« *Je vous remercie de proscrire l'étude chez les laboureurs. Moi qui cultive la terre je vous présente requête pour avoir des manœuvres et non des clercs tonsurés.* » (28 avril 1763, à M. de la Chalotais.)

« *Nous ne nous soucions pas que nos laboureurs et nos manœuvres soient éclairés.* » (13 août 1762.)

« *La philosophie ne sera jamais facile pour le peuple : la canaille d'aujourd'hui ressemble en tout à la canaille qui végétait il y a quatre mille ans.* » (15 septembre 1762.)

Le système de l'égalité m'a toujours paru l'orgueil d'un fou. (11 juillet 1770.)

Je ne connais guère que Jean-Jacques Rousseau à qui on puisse reprocher ces idées d'égalité et d'indépendance, et toutes ces chimères qui ne sont que ridicules. (13 février 1771.)

« Le *Siècle* prétend que Voltaire a provoqué l'abolition des droits féodaux.

» Sur ce point, comme sur celui de la démocratie de Voltaire, le *Siècle* est dans l'erreur.

» D'après le témoignage de Bailly, il résulte des procès-verbaux de l'Assemblée Constituante dans la séance de nuit du 4 août, où les droits féodaux furent abolis, qu'il y avait encore cinq cent mille serfs de corps. Dans ce nombre étaient compris les serfs de Voltaire qu'il avait refusé d'émanciper.

» Il avait violemment poussé à l'émancipation des serfs de Saint-Claude, mais il s'était bien gardé d'émanciper les siens. »

Il était associé à la traite des nègres, « *se réjouissait d'avoir fait une bonne affaire.* » et disait : « *On nous reproche le commerce des noirs. Ce négoce démontre notre supériorité, celui qui s'est donné un maître est né pour en avoir.* » (Essai sur les mœurs. Chap. CXCVII.)

Le Pays, qui connaît son *Siècle*, termine ainsi son premier article :
« Nous ne faisons qu'indiquer aujourd'hui un des côtés par lesquels Voltaire doit être profondément antipathique à la démocratie laborieuse et morale. Nous reviendrons sur cette question que le *Siècle* nous paraît avoir imprudemment soulevée et en attendant, quoiqu'il annonce qu'il va donner à ses lecteurs les œuvres de Voltaire en p imes, nous le défions de citer, dans ses colonnes, les extraits que nous venons d'en donner. »

La prédiction du *Pays* s'est réalisée de point en point. Le *Siècle* n'a pas reproduit une ligne des passages qu'on lui a objectés. Et M. Emile de Labédollière a essayé de tirer son directeur politique de ce mauvais pas par une habile tangente : « Ce n'est pas seulement un hommage rendu à Voltaire, c'est une souscription *voltairienne*. »

A la bonne heure ! Le grand mot est lâché : ce n'est pas à Voltaire tel quel, que le *Siècle* veut ériger une statue, c'est au *voltairianisme*, c'est-à-dire à la manie de l'irréligion et au goût de l'obscénité.

« Les arguments envoyés jusqu'à ce jour sont-ils bien sérieux? dit le *Siècle*. Nous ne le pensons pas. »
« Le *Siècle* feint en vain de s'abuser, dit le *Journal des Villes et Campagnes*, il ne s'agit pas *d'arguments*, mais de textes formels, authentiques et qu'il est impossible de rétorquer. Nous en avons déjà cité deux colonnes dans notre dernier numéro. N'est-ce pas assez? Eh bien! nous en fournirons encore et tant qu'on le voudra, car la matière est inépuisable. »

« Prenons acte de ceci, dit le *Pays;* le *Siècle* ne conteste pas que Voltaire a été le plus grand ennemi du peuple et de la démocratie. »

Après cet aveu, après les citations dont nous n'avons pu donner que des parcelles, que reste-t-il du manifeste solennel de M. Havin et de la fresque fantastique qu'il s'est amusé à badigeonner sur sa porte pour attirer le monde? Toute la presse, même la moins catholique, a poussé un hurrah mêlé de rires, fait pour confondre l'inventeur de ce boniment. Quelle sera l'issue de cette affaire? La statue de Voltaire-Havin aura-t-elle le même sort que celle de Béranger, pour laquelle on a pu à grand'peine réunir la somme de six cents francs.

XIII.

« LE *Siècle* NE RECEVRA PAS DE SOUSCRIPTIONS AU-DESSUS DE CINQUANTE CENTIMES. »

.·.

Cette idée démocratique semble un peu téméraire à M. Albert Wolff du *Figaro*, et voici les fines réflexions qu'elle lui suggère. C'est une petite merveille de bonhomie moqueuse et de raillerie délicate.

.·.

« ... M. Havin déclare que le maximum sera de dix sous, pour conserver à la souscription son caractère purement démocratique. Le directeur du *Siècle* a voulu associer le peuple à son œuvre de réparation et, afin de n'humilier personne, il a fixé le tarif de la démocratie, pour la première quinzaine de février, à cinquante centimes pour les deux sexes.

.·.

» J'aime à croire que M. Havin a versé les premiers cinquante centimes et quand il ne faudra plus que dix sous il pourra compter sur moi pour achever l'œuvre. Hélas! je n'ai point encore, comme le directeur politique, une de ces fortunes qui me permettent d'ériger une statue à Voltaire à mes propres frais. Je n'ai point encore à ma disposition un de ces carrosses dont la simplicité fait le meilleur effet dans les faubourgs, mais j'ai pour Voltaire une admiration qui ne le cède en rien à celle de M. Havin, et je déposerai avec bonheur mes dix sous aux pieds du directeur politique, malgré le colossal éreintement que quelques journaux ont prodigué au patriarche de Ferney.

.·.

» ... Toute réflexion faite, quelque mal que l'on dise de Voltaire, je tiens toujours mes dix sous à la disposition de M. Havin, et ne fussions-nous que nous deux, Voltaire aura son monument. Seulement, si le peuple nous abandonne, si M. Havin et moi nous restons seuls avec nos deux pièces de cinquante centimes le monument sera en chocolat. Que voulez-vous? On fait ce que l'on peut. »

« Mais ce qui précède n'est qu'une simple supposition. Quand un homme comme M. Havin, qui ne rédige pas souvent, consent à écrire un Premier Paris dans un journal comme le sien, le peuple français sait ce qu'il a à faire. Il répondra au généreux appel du patriarche de la rue du Croissant, en faveur du patriarche de Ferney, et Voltaire aura enfin une vraie situation littéraire sur un piédestal.

» Une seule chose est à craindre.

» M. Havin, en conservant à la souscription son caractère tout-à-fait démocratique et en s'adressant exclusivement aux pièces de dix sous, a peut-être choisi une clientèle quelque peu dangereuse pour la prospérité de son entreprise.

» Lorsque Voltaire sera debout sur son piédestal, il se pourrait qu'un de ses bienfaiteurs à cinquante centimes qui aurait trop bien déjeûné, grimpât sur le socle, et d'un vigoureux coup de marteau, enlevât le bout du nez à Voltaire.

» Conduit chez le commissaire de police, et de là au Palais de Justice, le profanateur serait accusé d'avoir détérioré un monument public.

» — Qu'avez-vous à répondre? lui demanderait le président.

» — Mon président, dirait tranquillement le prévenu, après tout, je n'ai fait de mal à personne : j'ai tout simplement repris mes dix sous!

» Le côté sérieux de l'affaire est que M. Havin est tout-à-fait convaincu et qu'il ignore à quel point Voltaire, que je n'hésiterai pas d'appeler un esprit d'élite, est indifférent aux seuls souscripteurs à cinquante centimes.

» Si M. Havin voulait monter dans son carrosse et faire une petite tournée dans les faubourgs, il verrait que Ponson du Terrail, qui n'a rien fait pour la démocratie, est infiniment plus populaire que l'écrivain de cœur et d'esprit à qui M. Havin s'intéresse si justement, et qu'il serait plus facile de réunir cent mille francs pour élever une statue équestre à Timothée Trimm, que cinquante mille pièces de dix sous pour un grand homme. Si M. Havin, au lieu de conserver à la souscription son caractère démocratique, lui eût tout simplement conservé un caractère national, son projet, quoique puéril, eût eu quelque chance de succès, mais franchement, cette plaisanterie à dix sous, tout en étant fort gaie, exclut de la petite fête une foule de personnes qui, dans d'autres circonstances, eussent apporté leur offrande.

» Mais que dirait l'Europe si elle lisait ce qui suit dans une feuille publique?

SOUSCRIPTION POUR ÉLEVER UN MONUMENT A VOLTAIRE.

M. Havin. . . . . » fr. 50 centimes.
Le Crédit mobilier . . » 50
Le Jocke,-Club. . . . . » 50
L'Académie française . » 50
_____
TOTAL . . . 2 »
TOTAL de la liste précédente. » 50
_____
TOTAL GÉNÉRAL. . 2 50

» J'apprends au dernier moment, et ceci explique tout, que M. Havin a maintenu la souscription dans les bas prix, pour permettre au Juif-Errant, qui n'a que cinq sous, de sacrifier à Voltaire le salaire d'une journée de travail. »

XIV.

* *

M. Havin n'est pas le premier qui ait eu cette malencontreuse idée d'une statue de Voltaire.

Il y a eu d'abord Voltaire lui-même.

Il en a dirigé la souscription.

Il a chauffé, c'est le mot, le zèle de ses amis et surtout de ses ennemis.

Mais ce à quoi il tenait le plus, c'était au concours des têtes couronnées, et il est impossible d'imaginer un hommage qui lui eût été plus déplaisant, que la souscription de cinquante centimes, sollicitée de cette *canaille* qu'il a tant bafouée.

* *

Citons l'opinion de quelques hommes célèbres sur Voltaire. Nous prenons au hasard et parmi les plus démocrates.

Jean-Jacques par exemple.

« Vous me parlez de ce Voltaire! Pourquoi le nom de ce BALADIN souille-t-il vos lettres? *Le malheureux* a perdu ma patrie; je le haïrais davantage *si je le méprisais moins.* Je ne vois dans ses grands talents *qu'un opprobre de plus* par l'*indigne* usage qu'il en a fait. Ses talents ne lui servent, ainsi que ses richesses, qu'à nourrir *la dépravation de son cœur*...

» Ce fanfaron d'impiété, ce beau génie et CETTE AME BASSE, cet homme, si grand par ses talents et SI VIL par leur usage, nous laissera de longs et cruels souvenirs de son séjour parmi nous. *La ruine des mœurs, la perte de la liberté*, qui en est la suite inévitable, seront chez nos neveux les monuments de sa gloire et de sa reconnaissance. *S'il reste dans leur cœur quelque amour de la patrie*, ILS DÉTESTERONT SA MÉMOIRE, ET IL EN SERA MAUDIT. » (*Corresp.*, p. 105 et 157.)

La haine et la malédiction, voilà le dernier mot de Jean-Jacques Rousseau sur Voltaire !

Marat à son tour juge ainsi Voltaire, dans l'*Ami du peuple*, du 6 avril 1791 :

« Voltaire, *adroit plagiaire*, qui eut l'art d'avoir l'esprit de tous ses devanciers, et qui ne montra d'originalité que dans la finesse de ses *flagorneries ; écrivain scandaleux, qui pervertit la jeunesse* par les leçons d'une fausse philosophie, et dont le cœur fut le trône *de l'envie, de l'avarice, de la malignité, de la vengeance, de la perfidie et de toutes les passions qui dégradent l'espèce humaine.* »

Ce portrait n'a rien d'outré.

M. Louis Blanc dans son histoire de la révolution, lui dresse une statue qui n'est pas du même style que celle du *Siècle*, mais est plus ressemblante.

« On sait jusqu'où il fit descendre à l'égard des grands, l'humilité de ses hommages, dans quelles puériles jouissances la faveur des cours retint sa vanité captive, et combien il aimait à se parer du titre de gentilhomme de la chambre. On sait qu'il fit de Louis XV un panégyrique où l'excès de la flatterie touchait au scandale ; qu'un jour s'adressant à ce roi, le dernier des rois, il osa l'appeler Trajan ; que le duc de Richelieu, héros des roués fastueux et des libertins à la mode, l'eût pour courtisan, que dis-je ? pour familier... ; qu'il se mit aux pieds des favorites, même de celle qu'une maison de débauche éleva pour les plaisirs du maître, et qui, devenue la royauté, en déshonora l'agonie... Né avec une nature souple, il se trouva, dès son entrée dans la vie active, égaré parmi les Vendôme, les Richelieu, les Conti, les La Fare, les Chaulieu ; et dans ce cercle, où l'art du courtisan s'apprenait à l'école du bon goût, il perdit tout ce qui constitue les fiers caractères et les âmes viriles... »

M. Amédée Duquesnel dans son *Histoire des lettres*, dix-huitième siècle : « Il s'est rencontré un homme assez éhonté pour salir l'héroïne la plus sublime que les annales du monde entier aient jamais présentée à l'admiration du genre humain ; pour traîner dans la boue tout ce qu'il y a de plus sacré, la religion, la pureté de la femme, la gloire de la patrie. »

La galerie serait incomplète si les poètes à leur tour n'étaient admis à nous proposer l'image du grand homme.

Voici le médaillon délicatement tracé par Alfred de Musset.

« Dors-tu content, Voltaire, et ton hideux sourire
Voltige-t-il encor sur tes os décharnés ?
Ton siècle était, dit-on, trop jeune pour te lire ;
Le nôtre doit te plaire, et tes hommes sont nés...
Il est tombé sur nous, cet édifice immense
Que de tes larges mains tu sapais nuit et jour.
La mort devait t'attendre avec impatience,
Pendant quatre-vingts ans que tu lui fis la cour ?
Vous devez vous aimer d'un infernal amour...
Ne quittes-tu jamais ta couche nuptiale,
Où vous vous embrassez dans les vers du tombeau,
Pour t'en aller tout seul promener ton front pâle
Dans un cloître désert où dans un vieux château ?
Que te disent alors tous ces grands corps sans vie,
Ces murs silencieux, ces autels désolés,
Que pour l'éternité ton souffle a dépeuplés ?
Que te disent les croix ? que te dit le Messie ?
Oh ! saigne-t-il encor, quand, pour le déclouer,
Sur son arbre tremblant, comme une fleur flétrie,
Ton spectre dans la nuit revient le secouer ?
Crois-tu ta mission dignement accomplie,
Et comme l'Éternel, à la création,
Trouves-tu que c'est bien et que ton œuvre est bon ?
. . . .
. . . .
Et que nous reste-t-il, à nous les déicides ?
Pour qui travaillez-vous, démolisseurs stupides,
Lorsque vous disséquiez le Christ sur son autel ?
Que vouliez-vous semer sur sa céleste tombe,
Quand vous jetiez au vent la sanglante colombe
Qui tombe en tournoyant dans l'abîme éternel ?

Vous vouliez pétrir l'homme à votre fantaisie ;
Vous vouliez faire un monde... Eh bien, vous l'avez fait !
Votre monde est superbe, et votre homme est parfait !
Les monts sont nivelés, la plaine est éclaircie ;
Vous avez sagement taillé l'arbre de vie ;
Tout est bien balayé sur vos chemins de fer ;
Tout est grand, tout est beau... Mais on meurt dans votre air...
Vous y faites vibrer de sublimes paroles ;
Elles flottent au loin dans les vents empestés...
Elles ont ébranlé de terribles idoles ;
Mais les oiseaux du ciel en sont épouvantés...
L'hypocrisie est morte, on ne croit plus aux prêtres ;
Mais la vertu se meurt et ne croit plus à DIEU ;
Le noble n'est plus fier du sang de ses ancêtres,
Mais il le prostitue au fond d'un mauvais lieu.
On ne mutile plus la pensée et la scène,
On a mis au plein vent l'intelligence humaine ;
Mais le peuple voudra des combats de taureaux.
Quand on est pauvre et fier, quand on est riche et triste,
On n'est plus assez fou pour se faire trappiste,
Mais on fait comme Escousse, on allume un réchaud... »

En des jours meilleurs Victor Hugo avait aussi sculpté le profil de
Voltaire, mais en plein bloc et avec le marteau de Michel-Ange.

REGARD JETÉ DANS UNE MANSARDE.

. . . .

Plein de ces chants honteux, dégoût de la mémoire,
Un vieux livre est là haut sur une vieille armoire,
Par quelque vil passant dans cette ombre oublié,
Roman du dernier siècle, œuvre d'ignominie,
Voltaire alors régnait, CE SINGE DE GÉNIE,
Chez l'homme en mission par le diable envoyé.

Époque qui gardas, de vin, de sang rougie,
Même en agonisant, l'allure de l'orgie,
O dix-huitième siècle impie et châtié,
Société sans Dieu, qui par Dieu fut frappée,
Qui brisant sous la hache et le sceptre et l'épée,
Jeune, offensas l'amour et, vieille, la pitié.

Table d'un long festin qu'un échafaud termine,
Monde, aveugle pour Christ, que Satan illumine,
HONTE A TES ÉCRIVAINS DEVANT LES NATIONS·
L'ombre de tes forfaits est dans leur renommée.
Comme d'une chaudière il sort une fumée,
Leur sombre gloire sort des révolutions.

Frêle barque, assoupie à quelques pas d'un gouffre,
Prends garde, enfant, cœur tendre ou rien encor ne souffle,
O pauvre fille d'Ève ! O pauvre jeune esprit !
Voltaire, le serpent, le doute, l'ironie,
Voltaire est dans un coin de ta chambre bénie ;
Avec son œil de flamme, il t'espionne et rit.

Oh ! tremble ! ce sophiste a sondé bien des fanges ;
Oh ! tremble ! ce faux sage a perdu bien des anges.
Ce démon, noir milan, fond sur les cœurs pieux
Et les brise, et souvent, sous ses griffes cruelles,
Plume à plume j'ai vu tomber ces blanches ailes,
Qui font qu'une âme vole et s'enfuit dans les cieux !

. . . .

O *Siècle*, Victor Hugo, l'auteur de ces vers si beaux, les meilleurs de son œuvre, vous enverra-t-il ses cinquante centimes ?
O Havin, ne vous le demandez-vous pas....?

. .

Ah ! M. Havin, vous ne connaissiez pas cette page de flamme; si vous aviez lu de Maistre, jamais vous n'auriez osé vous proposer pour élever la statue de Voltaire..!

. .

« N'avez-vous jamais remarqué que l'anathème divin fut écrit sur son visage ? Après tant d'années, il est temps encore d'en faire l'expérience. Allez contempler sa figure au palais de l'*Ermitage;* jamais je ne la regarde sans me féliciter de ce qu'elle ne nous a point été transmise par quelque ciseau héritier des Grecs, qui aurait su peut-être y répandre un certain beau idéal. Ici, tout est naturel. Il y a autant de vérité dans cette tête qu'il y en aurait dans un plâtre pris sur le cadavre. Voyez ce front abject que la pudeur ne colora jamais, ces deux cratères éteints où semblent bouillonner encore la luxure et la haine. Cette bouche, — je dis mal peut-être, mais ce n'est pas ma faute, — ce *rictus* épouvantable, courant d'une

oreille à l'autre, et ces lèvres pincées par la cruelle malice comme un ressort
prêt à se détendre pour lancer le blasphème ou le sarcasme. — Ne me
parlez pas de cet homme, je ne puis en soutenir l'idée. Ah ! qu'il nous
a fait de mal ! Semblable à cet insecte, le fléau des jardins, qui n'adresse
ses morsures qu'à la racine des plantes les plus précieuses, Voltaire,
avec son *aiguillon*, ne cesse de piquer les deux racines de la société,
les femmes et les jeunes gens. Il les imbibe de ses poisons, qu'il trans-
met ainsi d'une génération à l'autre.

» C'est en vain, que pour voiler d'inexprimables attentats, ses stupides admirateurs nous assourdissent de tirades sonores où il a parlé
supérieurement des objets les plus vénérés. Ces aveugles volontaires ne
voient pas qu'ils achèvent ainsi la condamnation de ce coupable écrivain.
Si Fénélon, avec la même plume qui peignit les joies de l'Elysée, avait
écrit le livre *du prince*, il serait mille fois plus vil et plus coupable que
Machiavel. Le grand crime de Voltaire est l'abus du talent et la prosti-
tution réfléchie d'un génie créé pour célébrer DIEU et la vertu. Il ne
saurait alléguer, comme tant d'autres, la jeunesse, l'inconsidération,
l'entraînement des passions, et, pour terminer enfin, la triste faiblesse
de notre nature. Rien ne l'absout ; sa corruption est d'un genre qui n'ap-
partient qu'à lui ; elle s'enracine dans les dernières fibres de son cœur
et se fortifie de toutes les forces de son entendement. Toujours alliée au
sacrilége, elle brave DIEU, en perdant les hommes. Avec une fureur qui
n'a pas d'exemple, cet insolent blasphémateur en vient à se déclarer
l'ennemi personnel du Sauveur des hommes. Il ose, du fond de son
néant, lui donner un nom ridicule, et cette loi adorable que l'HOMME-DIEU
apporta sur la terre, il l'appelle l'*Infâme*. Abandonné de DIEU, qui punit
en se retirant, il ne connaît plus de frein. D'autres cyniques étonnèrent
la vertu, Voltaire étonne le vice. Il se plonge dans la fange, il s'y roule,
il s'en abreuve ; il livre son imagination à l'enthousiasme de l'enfer, qui
lui prête toutes ses forces pour le traîner jusqu'aux limites du mal. Il in-
vente des prodiges, des monstres qui font pâlir. — Paris le couronne,
Sodome l'eût banni !

» Profanateur effronté de la langue universelle et de ses plus grands
noms, le dernier des hommes, après ceux qui l'aiment !

» Comment vous peindrais-je ce qu'il me fait éprouver ? Quand je
vois ce qu'il pouvait faire et ce qu'il a fait, ses inimitables talents ne
m'inspirent plus qu'une espèce de rage sainte qui n'a pas de nom. Sus-
pendu entre l'admiration et l'horreur, quelquefois je voudrais lui faire
élever une statue... par la main du bourreau... »

XV.

CONCLUSION.

La souscription pour la statue de Voltaire est d'abord une grosse réclame devenue nécessaire par suite du PROGRÈS... du désabonnement.

On sait la concurrence terrible faite au journal des cabarets par la petite presse, moins chère et plus amusante.

Mais c'est en même temps UN APPEL AUX PEUPLES CATHOLIQUES pour leur arracher une manifestation anti-religieuse, et une sorte D'APOSTASIE PUBLIQUE.

C'est un grand blasphème organisé par voie de suffrage universel. Le scrutin est ouvert. — Autant de souscriptions, autant de votes pour ÉCRASER L'INFAME.

Toutes les voix de la presse se sont récriées sur cette trouvaille inouïe d'un Voltaire démocrate et humanitaire.

On a exhumé des œuvres du grand homme des citations irréfutables de sa haine pour la France et de son mépris pour le peuple.

Les organisateurs de la manifestation les connaissaient sans doute. Aussi ont-ils commencé par demander d'abord les cinquante centimes. La prime des œuvres complètes à un prix fabuleux ne sera livrée que cinq mois après. Ils savaient bien qu'après avoir lu Voltaire le peuple ne souscrirait plus.

Lui mettre dans les mains les preuves de l'esprit *anti-français* et *anti-démocrate* du vrai Voltaire, tel est le but de ces pages.

Nous avons voulu lui livrer quand même, ce que les grands journaux que le peuple ne lit pas ont publié, et ce que le *Siècle* s'est refusé obstinément à reproduire.

Sans doute les pauvres ouvriers, si savamment enrégimentés et si dociles aux mots d'ordre, obéiront comme toujours à leurs habiles meneurs et souscriront.

Il serait bien extraordinaire que M. Havin ne tirât pas de son beau troupeau de moutons les méchants dix mille francs nécessaires tout au plus à sa statue d'occasion.

N'importe, faisons connaître le plus possible le vrai Voltaire. Vulgarisons promptement la supercherie. Un jour les souscripteurs détrompés de la statue seront les premiers à la renverser.

AUX PROPAGATEURS DE L'OUVRIER.

Plus l'*Ouvrier* a de succès, plus nous multiplions nos efforts pour le propager et le répandre.

Pendant la période des étrennes, nous avons offert, à titre de prime gratuite, et au prix de grands sacrifices, 25 volumes de la bibliothèque du Foyer, à tous ceux qui nous ont demandé la collection des cinq années parues.

Les demandes sont arrivées avec une telle abondance qu'il a fallu réimprimer coup sur coup tous les numéros antérieurs; les sympathies ont été ardentes et universelles, car on comprenait bien qu'il s'agissait là non d'une œuvre de spéculation, mais d'une œuvre de propagande.

Cédant aux instances les plus pressantes, nous avons résolu de faire une nouvelle tentative pour élargir encore le cercle déjà si vaste de nos lecteurs.

Nous nous sommes entendus avec les propriétaires du **Guide universel**, et sommes en mesure de fournir gratis aux nouveaux acquéreurs de la collection de l'**Ouvrier**, ce magnifique ouvrage d'éducation et d'instruction.

En conséquence ceux qui nous enverront de suite la somme de **31 fr. 25** (en un mandat sur la poste) recevront :

1º LES CINQ ANNÉES DE L'OUVRIER RELIÉES.— Ces cinq années forment 5 beaux volumes in-4º, à 2 colonnes, de 5 à 600 pages, illustrés de très-nombreuses gravures. — Le prix de chaque volume séparé est de 5 fr. broché et de 6 fr. 25 relié. — La reliure est solide, très-convenable, en percaline, brun foncé, avec titre doré sur le dos et sur le plat.

2º Gratis, à titre de prime, la magnifique collection reliée du **GUIDE UNIVERSEL** (la reliure est semblable à celle de l'**Ouvrier**).

Les 30 ouvrages que renferme cette collection et qu'il serait impossible de se procurer séparément pour moins de 150 fr. sont réunis et donnés en bloc sous le titre collectif de **Guide Universel**, qui vaut 19 francs relié.

Les envois seront faits *franco*, jusqu'à la gare de chemin de fer ou le bureau de messagerie le plus rapproché du domicile.

Adresser les demandes à M. Blériot, 55, quai des Grands-Augustins, à Paris.

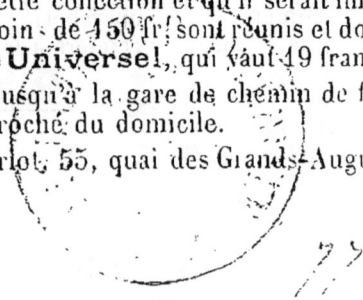

www.ingramcontent.com/pod-product-compliance
Lightning Source LLC
Chambersburg PA
CBHW060752280326
41934CB00010B/2462